MURCIÉLAGOS
ESPELUZNANTES PERO GENIALES

Tracy Nelson Maurer
Traducción de Sophia Barba-Heredia

Un libro de El Semillero de Crabtree

CRABTREE
Publishing Company
www.crabtreebooks.com

 ÍNDICE

ALAS MARAVILLOSAS

Los murciélagos son los únicos **mamíferos** que verdaderamente pueden volar. Los mamíferos tienen pelo en sus cuerpos. Los bebés mamíferos se alimentan de la leche de sus madres.

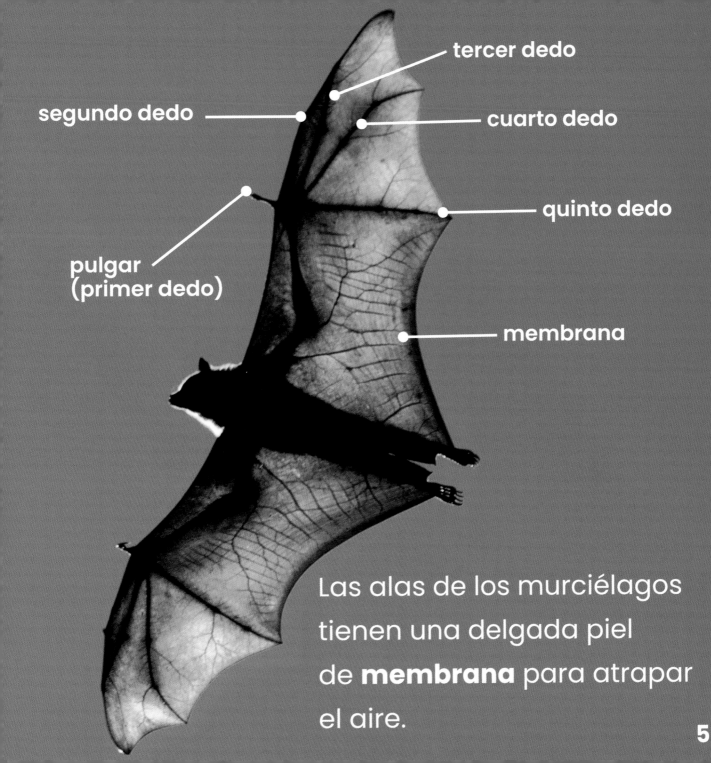

tercer dedo

segundo dedo

cuarto dedo

quinto dedo

pulgar
(primer dedo)

membrana

Las alas de los murciélagos tienen una delgada piel de **membrana** para atrapar el aire.

5

La mayoría de los murciélagos no pueden despegar del piso. Para volar, caen de una saliente, de un árbol o de otro lugar alto.

Los murciélagos mueven sus alas como los humanos mueven sus dedos. Los murciélagos también tienen un pulgar para agarrarse.

COMEDORES NOCTURNOS

La mayoría de los murciélagos son **nocturnos**.
Vuelan en la noche para encontrar comida
y duermen durante el día. La mayoría de los
murciélagos comen insectos, tales como
mosquitos, escarabajos y polillas, o pequeños
animales como las ranas.

*El murciélago tridente
persa come insectos.*

Algunos murciélagos comen fruta.

Viven en los **trópicos**.

El murciélago pescador tiene bolsas en los cachetes para transportar peces cuando vuela.

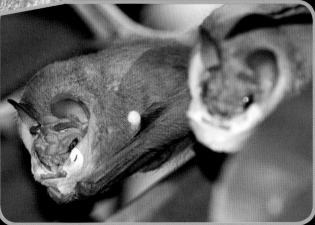

Los murciélagos de cara arrugada sorben plátanos maduros.

Los murciélagos pueden lucir aterradores, ¡pero son útiles! Los murciélagos de la fruta propagan semillas y polen de plantas que los humanos usan para alimentarse o para medicina. Otros murciélagos comen insectos que dañan los cultivos.

El zorro volador filipino es el murciélago más grande en el mundo. Solamente come fruta.

Los murciélagos tienen buen sentido de la vista, pero escuchan aún mejor. Ellos usan la **ecolocalización** para encontrar comida en la oscuridad.

Los murciélagos rebotan chasquidos y chillidos sobre objetos. El sonido forma nítidas imágenes en sus cerebros.

¿ESPELUZNANTE O GENIAL?

Los murciélagos con nariz de hoja pitan con su nariz para ecolocalizar. Estos extraños colgajos de piel también pueden ayudar a captar el eco.

murciélago de fruta mexicano

nariz de hoja

EN CASA EN LA OSCURIDAD

La mayoría de los murciélagos viven en lugares oscuros y silenciosos, como las cuevas o los edificios vacíos. Otros descansan **perchados** en árboles. Los murciélagos viven por encima del nivel del suelo para esconderse de **depredadores**.

Se llama colonia a un grupo de murciélagos viviendo juntos.

La mayoría de los murciélagos duermen boca abajo. Con sus dedos ganchudos se cuelgan de ramas o salientes.

Algunos murciélagos se envuelven con sus alas para mantenerse calientes.

Los murciélagos viven casi en todos lados, menos en lugares muy fríos. Algunos murciélagos **migran** a lugares más calientes en el otoño.

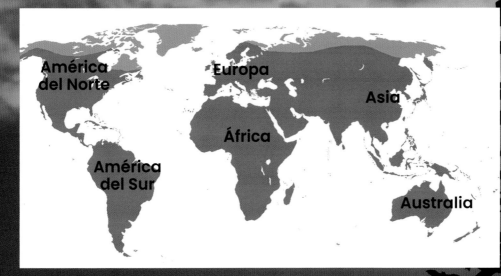

América del Norte

Europa

Asia

África

América del Sur

Australia

Áreas del mundo donde es posible encontrar murciélagos.

BEBÉS MURCIÉLAGO

La mayoría de las mamás murciélago dan a luz a una cría cada año. La indefensa cría de murciélago no puede volar al nacer. Se agarran a sus madres.

¿ESPELUZNANTE O GENIAL?

La mayoría de los murciélagos nacen sin pelo y con los ojos cerrados.

Este murciélago frugívoro gambiano está volando con un bebé en su vientre.

Los cachorros rápidamente se vuelven muy pesados para volar con sus madres. Después de cuatro a seis semanas, las crías de murciélago pueden volar y cazar por su cuenta.

¿ESTÁN EN PELIGRO LOS MURCIÉLAGOS?

Los murciélagos son importantes para el planeta. Los humanos destruyen sus **hábitats** o matan a los murciélagos por miedo.

¿ESPELUZNANTE O GENIAL?

Desde 2006, el hongo del síndrome de nariz blanca ha matado a más de 1 millón de murciélagos en América del Norte. Los científicos están tratando de encontrar una manera de detenerlo.

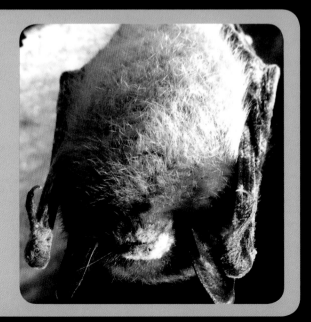

Los científicos estudian y recopilan información sobre los murciélagos para ayudarlos a sobrevivir.

¡NOMBRA AL MURCIÉLAGO!

Empareja el nombre de cada murciélago con la fotografía que le corresponde:

-Zorro volador

-**Murciélago de fruta mexicano**

-**Murciélago frugívoro gambiano**

-**Murciélago pescador**

-**Murciélago de cara arrugada.**

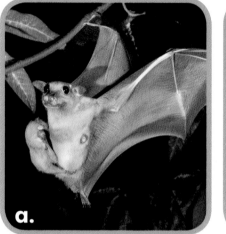

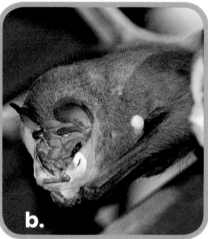

GLOSARIO

depredadores: Animales que cazan a otros animales por comida.

ecolocalización: Enviar ondas de sonido y usar los ecos para «ver» dónde están las cosas.

hábitats: Lugar donde usualmente viven los animales.

mamíferos: Animales con pelo que dan a luz a bebés; las madres los alimentan con leche de sus cuerpos.

membrana: Una piel delgada o recubrimiento.

migran: Que se mueven de una región a otra con las estaciones.

nocturnos: Activos de noche.

perchados: Que descansan colgados. Aplica para animales alados.

trópicos: Áreas cálidas o calientes de la Tierra.

ÍNDICE ANALÍTICO

Apoyos de la escuela a los hogares para cuidadores y maestros

Este libro ayuda a los niños en su desarrollo al permitirles practicar la lectura. Abajo están algunas preguntas guía para ayudar al lector a fortalecer sus habilidades de comprensión. En rojo hay algunas opciones de respuesta.

Antes de leer:

- **¿De qué pienso que tratará este libro?** *Pienso que este libro es sobre murciélagos voladores. Pienso que este libro es sobre dónde viven los murciélagos.*

- **¿Qué quiero aprender sobre este tema?** *Quiero aprender si los murciélagos atacan a las personas. Quiero aprender más sobre murciélagos y cuevas.*

Durante la lectura:

- **Me pregunto por qué...** *Me pregunto por qué los murciélagos duermen boca abajo. Me pregunto por qué se envuelven con sus alas cuando duermen.*

- **¿Qué he aprendido hasta ahora?** *Aprendí que los murciélagos usan la ecolocalización para encontrar comida en la oscuridad. Aprendí que los murciélagos ayudan a la gente al esparcir semillas y polen de plantas que los humanos usan para alimentarse o para hacer medicinas.*

Después de leer:

- **¿Qué detalles aprendí de este tema?** *Aprendí que la mayoría de los murciélagos son nocturnos: vuelan en la noche y duermen durante el día. Aprendí que la mayoría de los murciélagos comen mosquitos e insectos.*

- **Lee el libro de nuevo y busca las palabras del glosario.** *Veo la palabra* **membrana** *en la página 5 y la palabra* **nocturnos** *en la página 8. Las demás palabras del vocabulario están en la página 23.*

Library and Archives Canada Cataloguing in Publication
Title: Murciélagos / Tracy Nelson Maurer ; traducción de Sophia Barba-Heredia.
Other titles: Bats. Spanish
Names: Maurer, Tracy Nelson, 1965- author. | Barba-Heredia, Sophia, translator.
Description: Series statement: Espeluznantes pero geniales | Translation of: Bats. | Includes index. | "Un libro de el semillero de Crabtree". | Text in Spanish.
Identifiers: Canadiana (print) 20210257393 |
    Canadiana (ebook) 20210257407 |
    ISBN 9781039618558 (hardcover) |
    ISBN 9781039618671 (softcover) |
    ISBN 9781039618794 (HTML) |
    ISBN 9781039618916 (EPUB) |
    ISBN 9781039619036 (read-along ebook)
Subjects: LCSH: Bats—Juvenile literature.
Classification: LCC QL737.C5 M3918 2022 | DDC j599.4—dc23

Library of Congress Cataloging-in-Publication Data
Names: Maurer, Tracy Nelson, 1965- author.
Title: Murciélagos / Tracy Nelson Maurer ; traducción de Sophia Barba-Heredia.
Other titles: Bats. Spanish
Description: New York : Crabtree Publishing, 2022. | Series: Espeluznantes pero geniales - un libro el semillero de Crabtree | Includes index.
Identifiers: LCCN 2021031660 (print) |
    LCCN 2021031661 (ebook) |
    ISBN 9781039618558 (hardcover) |
    ISBN 9781039618671 (paperback) |
    ISBN 9781039618794 (ebook) |
    ISBN 9781039618916 (epub) |
    ISBN 9781039619036
Subjects: LCSH: Bats--Juvenile literature.
Classification: LCC QL737.C5 M38718 2022 (print) | LCC QL737.C5 (ebook) |
    DDC 599.4--dc23
LC record available at https://lccn.loc.gov/2021031660
LC ebook record available at https://lccn.loc.gov/2021031661

Crabtree Publishing Company

www.crabtreebooks.com   1–800–387–7650

Published in the United States
Crabtree Publishing
347 Fifth Ave.
Suite 1402-145
New York, NY 10016

Published in Canada
Crabtree Publishing
616 Welland Ave.
St. Catharines, Ontario
L2M 5V6

Written by Tracy Nelson Maurer

Translation to Spanish: Sophia Barba-Heredia

Spanish-language layout and proofread: Base Tres

Print coordinator: Katherine Berti

Printed in the U.S.A./092021/CG20210616

Print book version produced jointly with Blue Door Education in 2022

Photo credits: www.Shutterstock.com and www.istock.com. Cover © Ricardo Reitmeyer, page 4-5 © Matteo Volpi, bat skeleton © Waddell Images page 6-7 © Ivan Kuzmin. page 8 © Ivan Kuzmin. page 9 top photoc © Dr. Morley Read, bottom photo © Jplevraud. page 10-11 © Stephane Bidouze page 12-13 © Jouke van Keulen, inset photo © Ivan Kuzmin. page 14-15 © George Burba, page 16 © jakit17, page 17 © Sarun T, page 18-19 © Ivan Kuzmin, baby bat photo © Gert Vrey. page 20 photo © U.S. Fish and Wildlife Service page 21 © Chokniti Khongchum